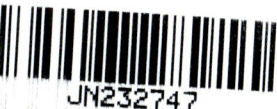

大和百景

奈良大和路を撮る

田中眞知郎［写真・文］

山川出版社

大和百景

――奈良大和路を撮る――

田中眞知郎
【写真・文】

山川出版社

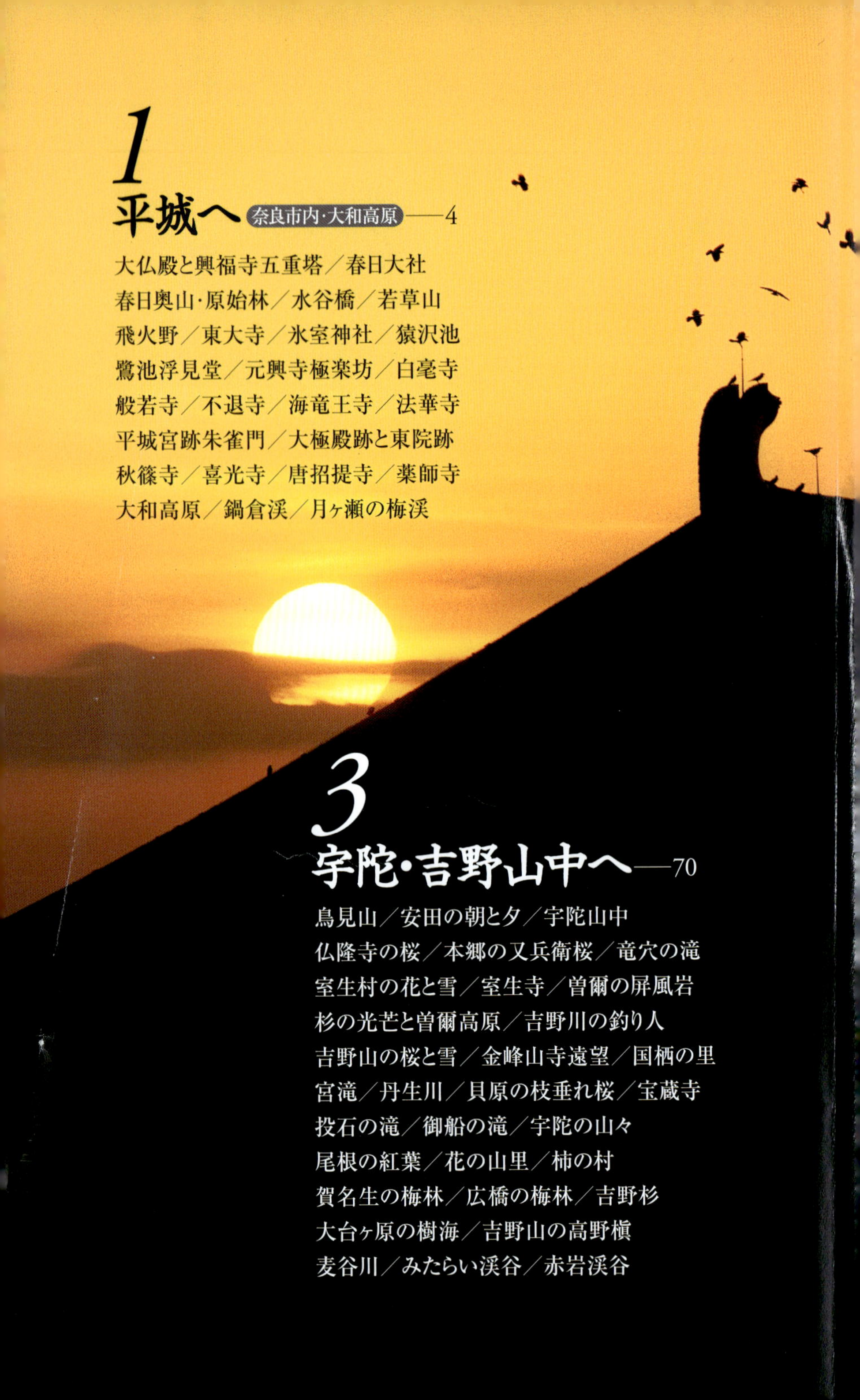

1

平城へ 奈良市内・大和高原——4

3

宇陀・吉野山中へ——70

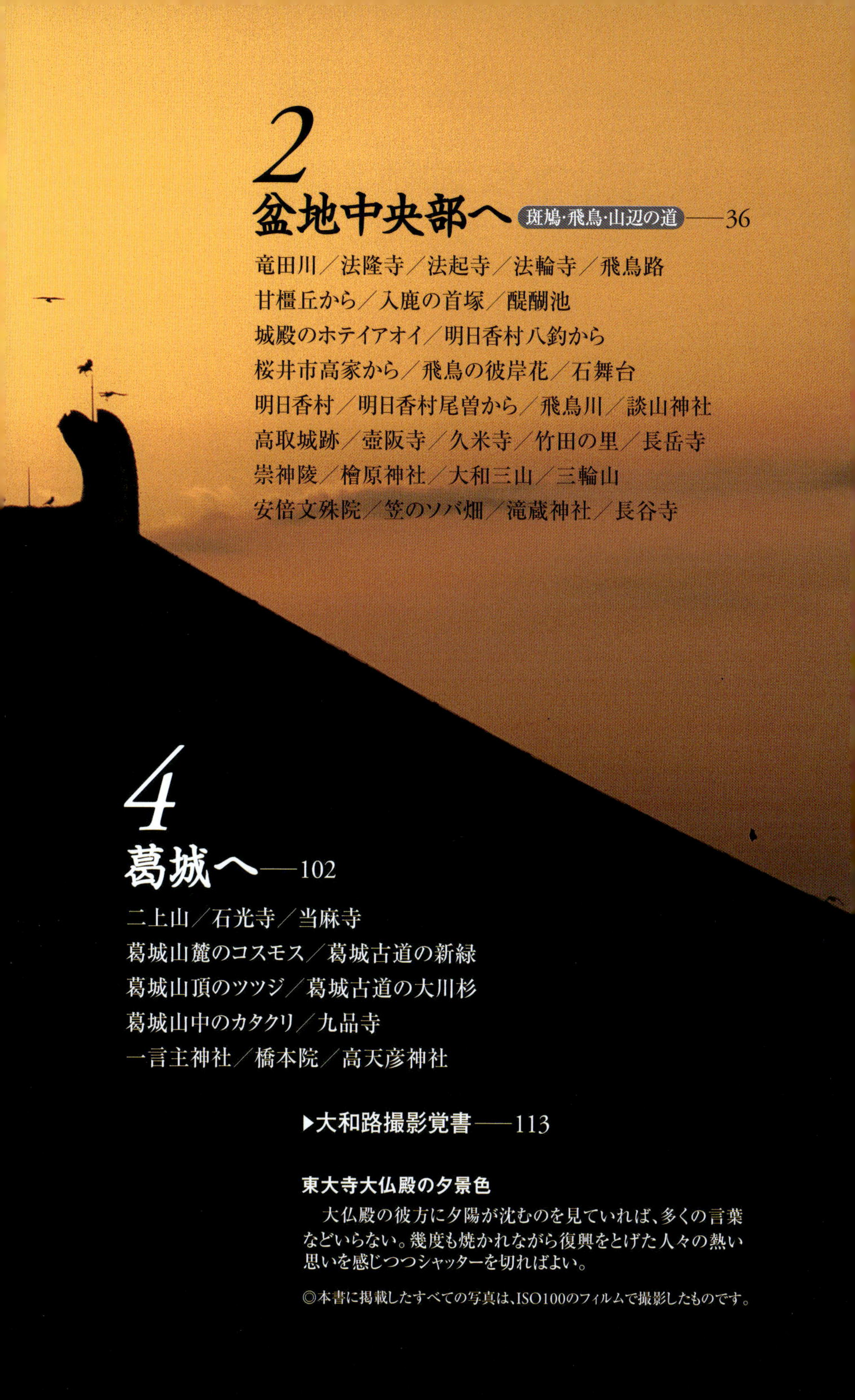

東大寺大仏殿の夕景色

　大仏殿の彼方に夕陽が沈むのを見ていれば、多くの言葉などいらない。幾度も焼かれながら復興をとげた人々の熱い思いを感じつつシャッターを切ればよい。

◎本書に掲載したすべての写真は、ISO100のフィルムで撮影したものです。

1 平城へ 奈良市内・大和高原

桜花　咲きかも散ると　見るまでに
誰かもここに　見えて散りゆく（『柿本人麻呂歌集』）

春の平城《なら》・春日野は、小鳥囀《さえず》り花咲き競う中に、身を放つことのできる空間である。花の向こうに、世界文化遺産の堂塔や社がほの見えて、訪れる者に歴史や万葉の扉を開いてくれる。そして人々は、それぞれのカメラアイでフィルムに収めて帰る。

まず年が明けて、人気の撮影対象となるのが若草山の山焼きで、どの場所から撮るのかが問題となる。ライトアップされた薬師寺の堂塔を前景に、燃える若草山が大池（『万葉集』における勝間田《かつまた》の池ともいわれる）に映るのを撮ろうとする人であふれる。また最近は、平城宮《へいじょうきゅう》跡に新しく建立された朱雀門《すざくもん》を前景に、燃える若草山を撮る人も増えてきた。人も万物も炎によって昇華・蘇生を遂げられるのか、東大寺の修二会《しゅにえ》（お水取り）に寄せる思いも大変なもので、夜７時からの「お松明《たいまつ》」によい撮影場所を求めて早朝から右往左往する。

以上は場所が限られるので大変だが、気儘に逍遥しつつ春日大社の藤や、飛火野《とびひの》に遊ぶ鹿、早朝の光芒、懐深い奥山の原始林の春秋、そして静かな佐保路《さほじ》の寺々や、さらに西へ歩を伸ばして白木蓮の美しい秋篠寺《あきしのでら》へ。そこには優しい技芸天《ぎげいてん》がおわします。また阪奈道路沿いの北側には、小さいながら風格のある喜光寺がある。試《こころ》みの大仏殿《だいぶつでん》ともいわれ、この地は『万葉集』にも詠まれている菅原の里であり、道真《みちざね》ゆかりの天満宮もある。春・夏・秋・冬に、朝・夕に、晴天・雨霧・春霞に、みな歴史や万葉とあいまって、いずれも捨てがたい風情となり、悠久の時の流れを一瞬止めて私の前に相貌を表わしてくれる。その一瞬のために私は、どれほどの年月を費やしてきたのだろうか。生命ある限りこの旅は終わらないだろう。

朱雀門のほとり、棚田嘉十郎の像は、平城宮跡を指さして寒の夕映えを受けていた。

1　大仏殿と興福寺五重塔

1►大仏殿《だいぶつでん》と興福寺五重塔　奈良市雑司町

古都奈良を代表する風景であり、若草山中腹の奈良奥山ドライブウェーから眺めることができる。観光バスを止めて、大仏殿と遠景の興福寺五重塔などを説明しているのをよく見かける。

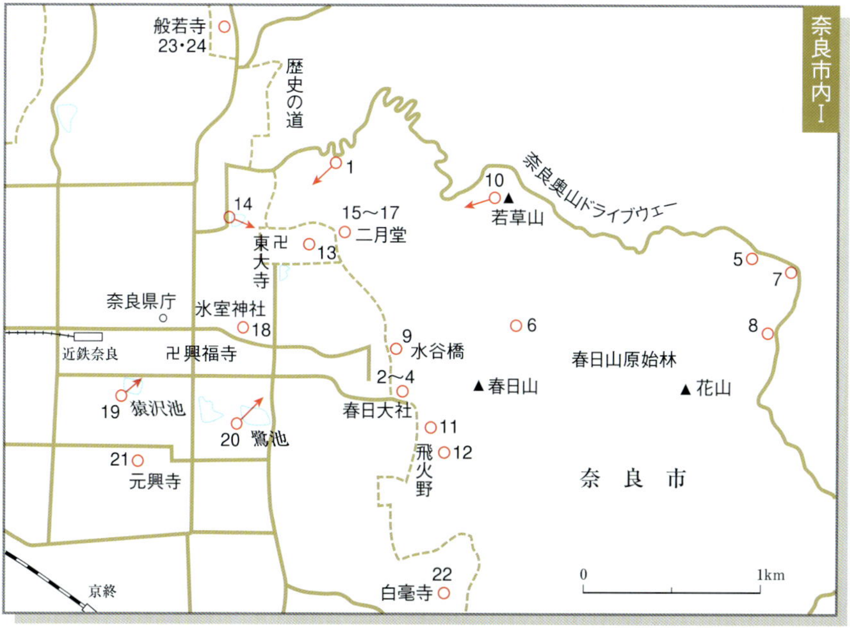

2　春日大社中門の紅梅

3　春日大社の砂ずりの藤

4　春日大社の万灯籠

2～4►春日大社《かすがたいしゃ》　奈良市春日野町

紅梅の植えられている中門あたりは神の斎《いつき》の庭なので、撮影に三脚は使用できない。

藤の色を出すには、ライティングに注意すること。藤の花房が近年短くなっているので、手で触れないように配慮しよう。

万灯籠《まんとうろう》は2月3日の節分と8月14・15日のお盆と二度行なわれる。春日大社はそのほか、春の春日祭（申祭り）、12月のおん祭りなど行事も多く、華やかさと幽幻の世界を撮影することもできる。

5　春日奥山の紅葉

6　紅葉の水紋（春日奥山）

7　春日山原始林の光芒

8　春日山原始林

5〜8►春日奥山・原始林

春日奥山の紅葉はことに色鮮やかであるが、美しく見せるには逆光を利用して際立たせるのがポイントである。

かつての氷室《ひむろ》神社跡付近、水谷《みずや》川上流の月日磐《つきひのいわ》のあたりでは、岩の間に渦巻く紅葉が美しい。落葉の動きを見ながら、シャッター優先で露出を決めなければならない。

春日山原始林は春日大社の神域であったため、斧が入れられず鬱蒼と昼なお暗い。現在は世界遺産となり、林の中に立ち入ることはできないが、奥山巡りのドライブウェーからでも充分撮影することができる。深山の巨木や樹々の重なりをねらって、朝靄と光芒を撮ればよい。

9► 水《みず》谷《や》橋

春日大社の摂社《せっしゃ》、水谷神社があるこのほとりから月日磐を通って奥山への道は、まさに照る山もみじの美しさだ。

10► 若草山

若草山の芝生が萌え出ずる頃、夕方になるといつの間にか鹿が集まってくる。まるで号令でもかけられたように、一列になって新芽を食べはじめるが、素速く撮らないと隊列がすぐに崩れてしまう。

9　水谷橋の紅葉

10　若草山の鹿の列

11　飛火野の巨楠と鹿

12　飛火野の鹿

11·12►飛《とび》火《ひ》野《の》

木の間から差す朝の光、その下で芝を食む鹿。ゆったりとした時間が過ぎてゆく。運がよければ、群をなして走ってくる鹿寄せにも逢えるだろう。朝霧に光る草穂の中から顔を出す鹿は、神鹿の名にふさわしい。

13　東大寺境内の紅葉

13〜15► 東大寺　奈良市雑司町

秋色の東大寺は、一人で逍遥するに限る。小高い裏山から、雑木の紅葉や銀色に輝く芒穂を通して奈良の街が見え隠れする。

夕べの鐘の音に暮色深まるのを二月堂廻廊《かいろう》から眺めて佇ずむ。夕空の色を出すのに細心の注意を払えばよい。

14　東大寺大仏殿の秋

15　東大寺二月堂の夕景色

16　東大寺二月堂のお水取りのお松明

17　東大寺二月堂のお水取り

18　氷室神社の枝垂れ桜

16・17► 東大寺お水取り

お水取りは奈良最古の行事の一つで、2月20日の試別火《ころべっか》に始まるが、二月堂の修二会《しゅにえ》は3月1～14日に行なわれてお松明《たいまつ》が堂に上る。若狭《わかさ》から送られてきた若狭井のお水を汲む行法よりも、人々は何故か阿鼻叫喚の火の海となるお松明を恋う。それを撮ろうと訪れる人は年々増えて大変なものだ。撮影上注意しなければならないのは、多重露出をすることで、松明が静止した時はシャッターを閉め、動いて火の粉を振っている時は開ければよい。

18► 氷室《ひむろ》神社　奈良市春日野町

奈良国立博物館の向かい側にあり、春の季節に奈良を訪れる人は、見事な大枝垂れ桜に眼をみはる。古代に行なわれていた朝廷への献氷の儀式は、いま5月1日の献氷祭となって、製氷業者が全国から集う。

19　興福寺五重塔と猿沢池のライトアップ

19► 猿沢池　奈良市登大路町

奈良を散策して疲れたら、猿沢池畔のベンチに腰をおろして休めばよい。やがてライトアップされた興福寺の五重塔が闇の中に浮かびあがる。多重露出とし、空の色を出して五重塔に光が当たると同時に池の柳と、走る自動車のテールランプを写し込むのも面白い。

20► 鷺池《さぎいけ》浮見堂《うきみどう》　奈良市春日野町

8月15日、鷺池の浮見堂がライトアップされたら、それを写し込みシャッターを閉じる。そして大文字に火が点されるのを待って、シャッターを開けて二重露出をすればよい。

21► 元興寺《がんごうじ》極楽坊《ごくらくぼう》　奈良市中院町

草枕　旅行く人も　行き触らば
にほひぬべくも　咲ける萩かも（『万葉集』巻8－1532）

極楽坊をめぐる萩の花は実に美しく、坊の屋根には天平《てんぴょう》の瓦がいまだに残っていて被写体ともなる。

20　鷺池浮見堂と大文字送り火

21　元興寺極楽坊の萩

22　白毫寺の五色椿

23　般若寺の山吹

24　般若寺のコスモス

22►白毫寺《びゃくごうじ》　奈良市白毫寺町

東大寺の「ノリコボシ」、伝香寺の「チリツバキ」とともに奈良の名三椿の一つ。枝に咲いているものよりも、地を覆わんばかりの落花は華麗で見事だ。なお秋の萩も美しく、高円《たかまど》の離宮跡にふさわしく『万葉集』にも詠まれている。この寺の閻魔王《えんまおう》像・司録半跏《しろくはんか》像・司命《しみょう》半跏像の前に、己が罪をひそかにお詫びするのもよかろう。

23・24►般若寺《はんにゃじ》　奈良市般若寺町

春は山吹、秋にはコスモスが堂塔や石仏を埋め尽くさんばかりに咲き乱れる。国宝の楼門《ろうもん》や重文の十三重石塔が、やさしさの中に苦しかった歴史を乗り越えて、毅然とした姿を見せてくれる。花の中に平和を願う「原爆の灯」が燃えつづけているのをこの寺の心として、鐘の音は響く。

25　不退寺のレンギョウ

26　海竜王寺のユキヤナギ

27　法華寺の紅梅

25►不退寺《ふたいじ》　奈良市法蓮東垣内町

花にうもれた萱《かや》の御所《ごしょ》が、1200年の時をタイムスリップさせて眼の前に現れる。本当にこの寺に心を寄せる人しか訪れない静けさは、何にも替えがたい贅沢だ。国重文の本堂には、在原業平《ありわらのなりひら》作の華やかな彩色が残る聖《しょう》観音像(国重文)がおわします。もしかしたら業平が花蔭に潜んでいるのではと思ったりする。

26►海竜王寺《かいりゅうおうじ》　奈良市法華寺北町

なぜ海竜王寺なのかと考えていたら、見落してしまいそうな狭い道の奥に、ひなびた山門があった。咲き乱れるユキヤナギは風に揺れて波のようだ。隅寺《すみでら》と呼ばれる割には境内は広い。西金堂《にしこんどう》(国重文)の中に安置されている五重塔は国宝で美しい。

27►法華寺《ほっけじ》　奈良市法華寺町

藤原不比等《ふひと》の屋敷跡に、その子光明《こうみょう》皇后が開いた寺で、以来総国分尼寺《そうこくぶんにじ》として栄えてきた。いまも藤原氏の系統を受け継ぐ久我高照尼が法灯を護っている。

28　平城宮跡朱雀門の春

29　平城宮跡朱雀門の冬

30　平城宮跡朱雀門のライトアップ

28〜30►平城宮跡朱雀門《すざくもん》　奈良市佐紀町

　　青丹よし　寧楽《なら》の京師《みやこ》は　咲く花の
　　にほふがごとく　今さかりなり(『万葉集』巻3－328)

　復元された朱雀門は、新しい観光名所となった。近く、また遠くにそれを配し、宮跡一帯から桜を入れて撮ることができる。夜景の写真は、ライトアップされた朱雀門にピントをあわせ､桜にストロボをあてて撮影した。雪が降れば若草山を背景に入れてみるのもよい。

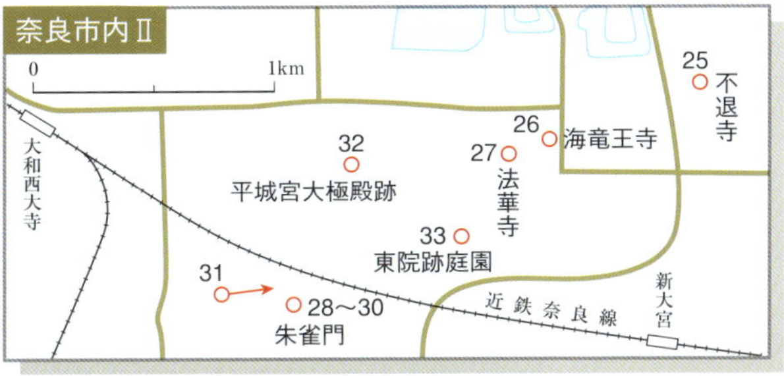

31　朱雀門と山焼き

31► 朱雀門と山焼き

山焼きは最近まで1月15日であったが、現在は成人の日が第2月曜日となり、その前日に行なわれるので注意したい。最初の露出では、朱雀門のライトアップと若草山・奈良市街の夜景を写し、シャッターを閉じる。次に山上から打ち上げられる花火を選んで写し込み、再びシャッターを閉じる。午後6時にいっせいに点火はされるものの、序々に燃えてゆくので、写真で見るほど派手なものではない。それを根気よく頂上が燃え終わるまでシャッターを切り続けねばならない。

32・33► 大極殿《だいごくでん》跡と東院《とういん》跡

大極殿跡に立って広々した宮跡を眺める時、移りゆく時の早さに驚かざるを得ない。かつては、一面の草原に松が一本生えていただけだったのに。「曲水《きょくすい》の宴」もなされていたであろう東院も復元されて、被写体が多くなるのは有難いことだが、空想の空間が狭まってしまいそうだ。

32　平城宮の大極殿跡

33　平城宮の東院跡

34　秋篠寺の紅梅

35　秋篠寺の木蓮

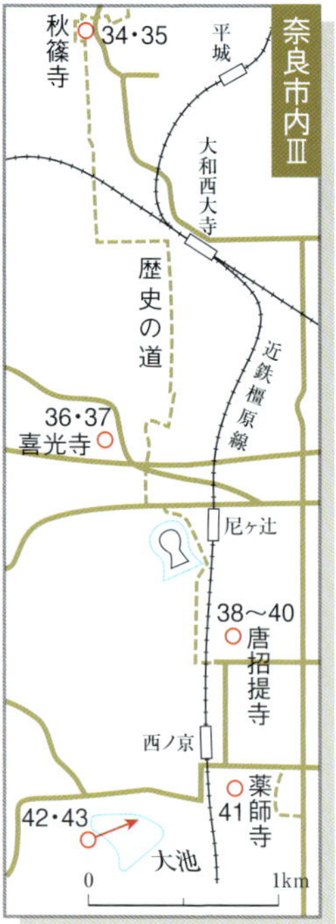

36　喜光寺の桜

37　喜光寺の蓮

34・35►秋篠寺《あきしのでら》　奈良市秋篠町

秋篠寺も静かでよい。苔の美しい林を小鳥の囀りを聞きながら歩むと、ぱっと美しい白木蓮がゆらぐように迎えてくれる。梅も境内のあちこちにひっそりと咲いている。

36・37►喜光寺《きこうじ》　奈良市菅原町

阪奈道路沿いにありながら、境内に入れば嘘のような静けさだ。「試《こころ》みの大仏殿」といわれるにふさわしく、堂々たる風格の金堂《こんどう》がある。桜もよいが、蓮も多種さまざま育てられ、境内を彩っている。

38　唐招提寺の萩

39　唐招提寺の蓮

40　唐招提寺金堂の丸柱

38〜40►唐招提寺　奈良市五条町

おほてらの　まろきはしらの
つきかげを　つちにふみつつ
ものをこそおもへ（会津八一）

写真は夜ではないが、9月15日の観月会に堂宇の屋根の間に昇る月を、人々は息をのんで拝み、誰一人声を出すものはいない。萩の季節もよいが、開山堂の庭に6月頃、「唐招提寺ハス・古代ハス」をはじめ、さまざまな蓮が競い咲くのは見事だ。また中国からきた「ケイカ」も白い花を見せてくれる。

41　復元された薬師寺堂塔

42　薬師寺のライトアップ

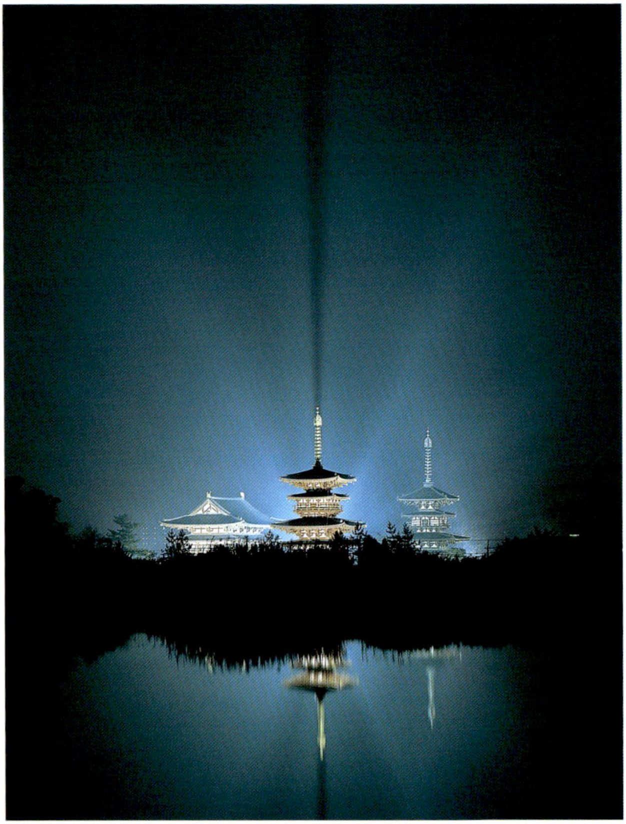

43　薬師寺と山焼き

41〜43►薬師寺　奈良市西ノ京町

度重なる災害、兵火による痛々しい歴史を乗り越えて残った東塔。それがよくもここまで復興をとげたものと頭が下がる。復元された伽藍《がらん》は、今では奈良を象徴する景色となった。南門から東西両塔を仰ぎつつ、新旧の水煙《すいえん》から「凍れる音楽」の合奏を感得したいと思う。

除夜にはライトアップされた堂塔が、雨霧に美しい後光を放つ。

堂塔を配しての大池からの山焼きの撮影は、非常にむずかしく、池が靄《もや》ぐと成功しない。初めにライトアップされた堂塔を、露出計のメータ表示より2分の1ひかえめにして1回目の露出をする。そして、次々と打ち上げられる花火の中から大きく派手なものを選び、F16で約2秒ずつ露光する。F16以上絞ると花火のブルーやグリーンの色がでない。花火が終わったら再びシャッターを閉じる。本番の山焼きが始まったら、一斉に点火された火は裾から燃え上がっていくので、それを追いながら何回もシャッターを切らねばならない。F16にして1秒、それを約40〜50回繰り返す。その場合、レンズの前に黒い紙を上下させてシャッター代わりにするとよい。

44　都祁村の神の休ん場

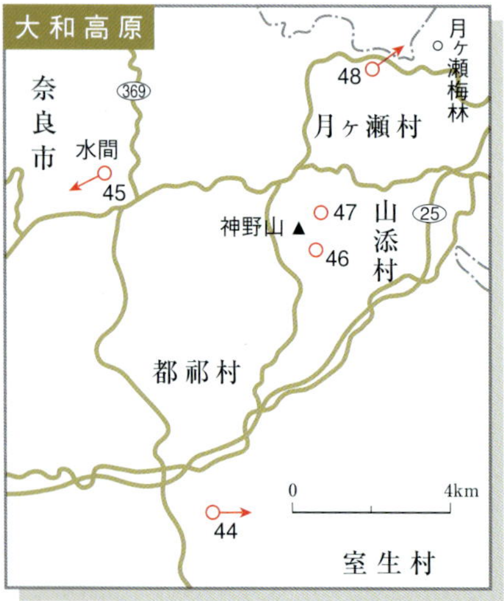

44～46►大和高原

この辺は大和高原と呼ばれ、東山中《ひがしさんちゅう》ともいわれてきた。奈良県で最も古く人が住みつき闘鶏《つげ》という国をなしていた。今に残る古代信仰の跡をとどめる「神の休ん場」が、野々神岳から昇る朝日にシルエットとなって点在する。心の奥処にあるなつかしさ、魂のふるさとの貌をいつまでも残してほしい。

また大和高原一帯には美しい茶畑が広がる。水間《みずま》峠の近く田原の里には光仁《こうにん》天皇陵、此瀬《このせ》には太安萬侶《おおのやすまろ》の墓がある。

45　**新緑の大和高原**（奈良市水間峠より）

46　**山添村の茶畑**

47　神野山の鍋倉渓

47►鍋倉《なべくら》渓

ツツジで有名な神野《こうの》山への道すがら、車道からも墨色の岩石流とでもいうがごとく続いているのが見える。これが鍋倉渓であり、耳をすませば「水琴窟」から岩の下にもぐった瀬音が聞こえる。「神野山の天狗《てんぐ》と伊賀国の天狗とが岩を投げあって争った」という面白い伝説もある。

48　月ヶ瀬の梅渓

48► 月ヶ瀬の梅渓

古木が少なくなったのは惜しまれるが、幾度もの浮沈の歴史を越えて、私達の前に見事な梅林を見せてくれる。梅に酔いつつ思い出すのは、後醍《ごだい》醐《ご》天皇の笠置《かさぎ》落ちの際、その側女がこの地で助けられ、お礼に烏梅《うばい》の製法を伝えたという話である。奈良の和菓子名ともなって今に残っている。江戸時代から明治にかけて、文人・学者などが梅林を訪れてますます有名となった。

2 盆地中央部へ 斑鳩·飛鳥·山辺の道

斑鳩《いかるが》から飛鳥《あすか》、高取へ、そして山辺《やまのべ》の道から桜井市とはいっても東山中《ひがしさんちゅう》に近い所まで入ったために、国原《くにはら》とも国中《くんなか》ともいえないが、いずれも歴史、万葉、信仰を通して朝な夕な私の心をとらえてはなさない。

何といっても東の三輪山《みわやま》、西の二上山《にじょうさん》、大和三山《やまとさんざん》は代表的な撮影対象であり、自然を通してより深い悲しみとなり、また崇高な喜びとなる。大和にまだこれだけよいアングルで撮れる場所が残っているのは驚きだ。大和三山を俯瞰できる素晴らしい所に明日香村が展望台を作られたのに、今はもう周囲の樹々が大きくなり、アベックの休憩場所となって塵が散らばっているのは情ない。何もカメラマンのために世の中が回っているのではないことは百も承知だし、保存と生活の共存の難しさもわかるが、美しいこの大和盆地の風景が、これ以上壊されることがないよう行政と住民が手を携えて守ってもらいたいと思う。

休耕田というのも悲しい気がするが、そこに植えられたコスモスの向こうに、斑鳩の古塔が見える風景は旅する者にとって癒しを覚える。盆地のあちこちから三輪山、二上山、畝傍山《うねびやま》、耳成山《みみなしやま》、香具山《かぐやま》を自分の好きなアングルを求めて歩けばよい。夕焼けを求めるには根気がいる。空の色、雲の形、一日として同じということは絶対にないのだから……。

嵐吹く　三室の山の　もみぢ葉は
竜田《たつた》の川の　錦なりけり（『後拾遺集』）

竜田大社の桜も見事だが、竜田川から三室山にかけては紅葉が美しく、また矢田丘陵の東明寺から松尾寺にかけて散策すると、思わぬ風景に出会う。

私の人生は、新しい大和路の発見への旅であり、これからも生命ある限り撮り続けていきたいと思うが、どのように様変わりするのか、じっくり見届けたい。どうぞ子孫に誇れる大和、日本に誇れる大和、世界に誇れる大和でありますようにと願う。

1　竜田川の紅葉

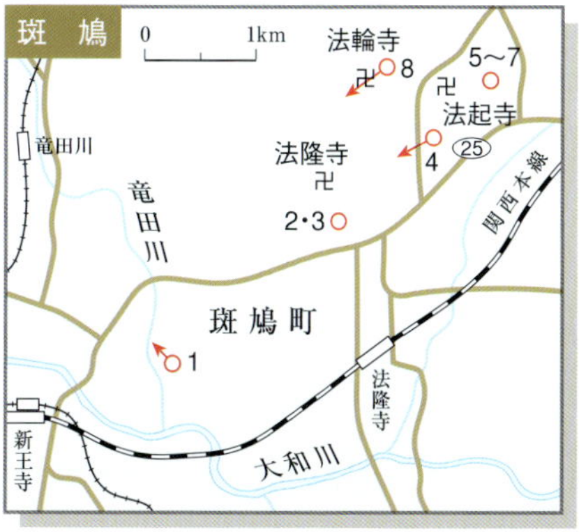

1►竜田川

　生駒谷を源流として大和川に合流する川で、斑鳩あたりで竜田川と呼ばれている。

　　ちはやぶる　神代もきかず　竜田川
　　からくれないに　水くぐるとは
（『古今集』）

の歌は、あまりにも有名だが、竜田公園から丹塗りの竜田大橋を眺める時、この歌が現代によみがえる。

2　柿と法隆寺

3　法隆寺の夕景色

4　法隆寺古塔と遠花火

2〜4►法隆寺　斑鳩町法隆寺山内

柿くえば　鐘がなるなり　法隆寺（正岡子《し》規《き》）

誰でも知っているこの句が脳裏にあって、柿を見ると古塔が入らぬかと足をとどめる。前景の柿にピントを合わせ、できるだけ絞り込んで塔の姿がわかるように撮影するほうがよい。

大和郡山斑鳩線の車道、岡本あたりから法隆寺を前景に、お盆に打ち上げられる王寺町の花火を超望遠のレンズで撮影した。まず塔の背後に花火が上がる位置にカメラを据えて前露光する。花火は10発単位で上がり、しばらく間をおいて何回も打ち上げられるので、その間に次のフィルムに前露光をしておき花火を写し込めば、何枚も撮影することができる。

5　法起寺とコスモス

6　法起寺と梅

7　法起寺古塔の夕景

5~7► 法起寺《ほっきじ》　斑鳩町岡本

台風の後、周囲の樹々が痛められたため整備されて、法起寺の3層の古塔が何処からでも美しく見えるようになった。春は梅を透かして、秋には休耕田にコスモスが植えられてあるのを写して楽しむのもよい。

創建当時の三重塔がシルエットとなって燃えるような夕空を見る時、山背大兄《やましろのおおえ》皇子の悲運を思ったり、日々、刻々と変わる雲の形に世の移ろい、人の心の移ろいを思ったりする。

8　法輪寺とヒマワリ

8► 法輪寺　斑鳩町三井

27年前に再建された法輪寺の塔も、今ではすっかり斑鳩の風景に馴染んでいる。夏から初秋にかけてヒマワリが駐車場の前に咲いていたりして、夕照までの時間待ちに思わぬ撮影ができる。

9► 飛鳥路の秋

明日香村の石舞台北側に北に入る細い道があり、上居《じょうご》のあたりからは畝《うね》傍《び》山や遠景に二上《にじょう》山、葛城山系が見える。

飛鳥路の秋は、石舞台周辺の萩の花から始まり、彼岸花はどこの畦道にも、びっしりと赤く燃えたつごとく咲く。ススキもそうだが、背景に何をもってくるか、また図案化して撮るかはその人の感覚で決めればよい。

9　飛鳥路の秋

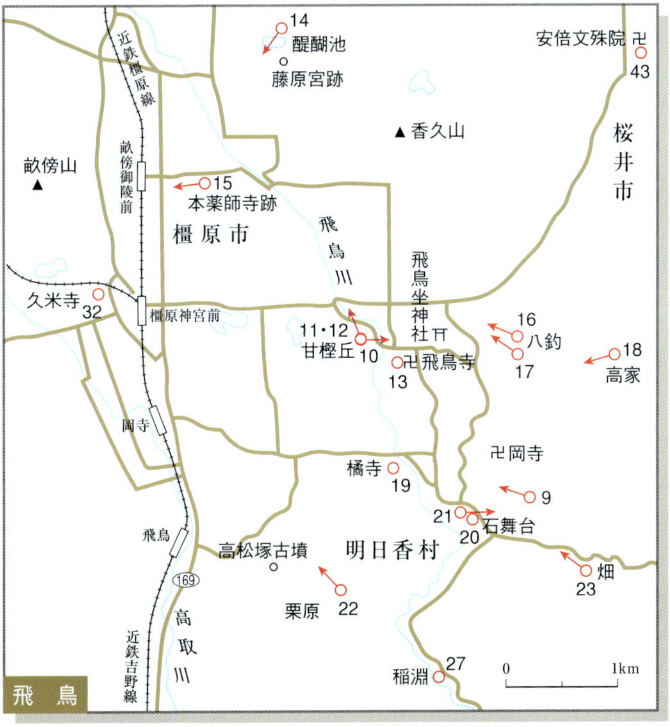

14
醍醐池
藤原宮跡
安倍文殊院
43
近鉄橿原線
香久山
桜井市
畝傍山
畝傍御陵前
15
本薬師寺跡
橿原市
飛鳥川
飛鳥坐神社
久米寺
32
橿原神宮前
16
八釣
17
18
高家
11・12
甘樫丘
10
13
飛鳥寺
岡寺
岡寺
橘寺
19
9
21
20
石舞台
飛鳥
高松塚古墳
明日香村
169
栗原
22
畑
23
高取川
近鉄吉野線
稲淵
27
0
1km
飛　鳥

10　明日香村の朝（甘樫丘より）

10～12►甘樫丘《あまかしのおか》から　明日香村豊浦

かつて甘樫丘から朝靄の畝傍《うねび》山をよく撮影したものだが、あまりにもビルが林立して西方は撮れなくなった。だが東方に目を転ずれば、明日香村の中心部から飛鳥坐《あすかにいます》神社の杜《もり》が見え、その背後に八釣《やつり》、多武峰《とうのみね》などの山々が望める。

甘樫丘から北方を望むと、飛鳥川の流れ、藤原京跡の彼方には耳成《みみなし》山を見ることができる。

11　甘樫丘から飛鳥遠望

12　甘樫丘から見た飛鳥雪景色

13　入鹿の首塚

14　醍醐池の桜

15　城殿のホテイアオイ

13► 入鹿《いるか》の首塚　明日香村飛鳥

飛鳥寺の裏側に蘇我入鹿の首塚と伝えられる墓がある。墨色を帯びた夕雲の燃える時、人間の悲しみと時代の変遷の呻きが聞こえてくるようだ。首塚に供えられていた花に微かにライティングをしてみた。

14► 醍醐池

藤原京跡の北に醍醐池があり、池畔の桜が美しい。南西の彼方に見えるのは畝傍山で、眼を転じて北東には三輪《みわ》山を入れることもできる。風に舞い散る桜を美しく撮るには、シャッター速度に注意すること。花吹雪の時は速いシャッターで、ちらほらと散る時は15分の1秒くらいで、ブラしたほうがよいようだ。

15► 城殿《きどの》のホテイアオイ

橿原市城殿の休耕田にホテイアオイが植えられて、飛鳥路の新しい風景となった。中央に見えるのは畝傍山で、右方の杜は本薬師寺跡だ。花の手前から奥までピントが合うように、レンズを絞り込むのが撮影のコツだろう。花の見頃は晩夏から初秋にかけてで、意外と花の命は長い。

16　明日香村八釣のサンシュユ

17　明日香村八釣から畝傍山・二上山を望む

18　桜井市高家から葛城山遠望

16・17►明日香村八釣《やつり》から

　八釣は背後に多武峰《とうのみね》を負い、前方に甘樫丘と畝傍山、遠景に二上山から葛城・金剛の山々と飛鳥の里らしい風景を撮ることができる。サンシュユは慎ましく春を告げ、梅がほころび、やがて桜の開花となる。

18►桜井市高家《たいえ》から

　八釣から東へ多武峰のほうへ登ってゆくと、高家の集落がある。

　　ぬばたまの　夜霧は立ちぬ　衣手の
　　高屋の上に　たなびくまでに（『万葉集』巻9－1706）

ここで歌われている高屋は高家だという説もある。

19　飛鳥の彼岸花（橘寺付近）

19►彼岸花

明日香村は、何処を歩いても畔道に咲く彼岸花が美しい。写真の橘寺の周辺のほか、石舞台の周辺、稲淵《いなぶち》あたりなど、いずれも背景にことかかない。

20・21►石舞台《いしぶたい》　明日香村島ノ庄

飛鳥の象徴の一つである石舞台は、四季を通して絵になる。春は菜の花・桜、秋は萩・彼岸花・ススキなど、そして夕景と飽きることがない。石舞台の由来に、狐が女の姿となってこの上で舞を見せたと伝えるのも面白い。

20　飛鳥の石舞台

21　石舞台と彼岸花

22　早春の明日香村（栗原付近）

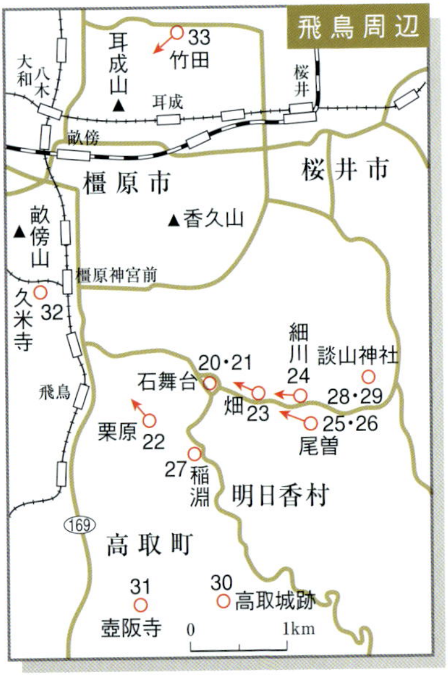

22～24►明日香村

明日香村といっても高取に近い栗原に、新しい風景を見つけた。向こうに『万葉集』に詠まれた真《ま》弓《ゆみ》の丘が見え、遠景には二上山から葛城山系が連なる。

畑《はた》あたりは、明日香村の中で大和三山を最も高い位置から俯瞰できる素晴らしい場所である。

細川沿い集落の彼方に夕陽が入る前、赫々と棚田はそれを受けて映える。畦道に入って畦を崩すことのないよう撮影には注意したい。

23　明日香村畑から大和三山を望む

24　明日香村細川あたりの棚田

25　明日香村尾曽からの遠望

26　明日香村尾曽から見た二上山落日

27　飛鳥川の秋（稲淵付近）

25・26►明日香村尾《おお》曽《そ》から

前述の畑よりは低くなるが、畝傍山・二上山を背景にここもまた飛鳥らしい風景が撮れる所である。田植えの後もよし、稲穂が波うつ頃もまたよい。ここからの夕景が素晴らしいので、望遠レンズで二上山に沈む落日を撮影してみた。

27►飛鳥川

『万葉集』に数多く詠まれている飛鳥川は、紅葉の秋のほか、緑したたる初夏の頃もよい。水の流れを写すには、シャッター速度を決めるのが大切。125分の1秒以上のシャッタースピードで切れば水流を止めて力強く写すことができるが、アップでなければ表現できない。この写真は4分の1から2分の1秒程度のスローシャッターで撮った。

28　談山神社全景

29　談山神社の紅葉

30　高取城跡の紅葉

28・29►談山《たんざん》神社　桜井市多武峰

談山神社のある多武峰《とうのみね》は、関西の日光といわれる紅葉の名所である。ここから桜井市街へ倉橋川（寺川）沿いに行けば、紅葉・新緑ともによく、やがて下の集落には素晴らしい十一面観音像のおわします聖林寺がある。その裏山一帯が、『万葉集』に詠まれた小倉山ともいわれている。一方、談山神社から下って冬野川（細川川）に沿い石舞台あたりへの道をたどるのもよい。ちなみに談山神社の桜も捨てがたい。

30►高取城跡　高取町高取

高取城跡にたたずみ、限りなく青澄める空を見ながら、南北朝時代・戦国時代・幕末の頃へと時代の流れや、人間模様へと思いをめぐらす。石垣のほかに何もないのがよい。当り前のことだが自然は変わることなく、桜が散り紅葉が散る。遥か北方の竜王《りゅうおう》山に登れば、この山城と西北の高安《たかやす》山が「烽火《のろし》」をあげるに適した山であったことがわかる。

31　壺阪寺の紅葉

32　久米寺のアジサイ

33　万葉の故地竹田の里

31► 壺阪寺《つぼさかでら》　高取町壺阪

壺阪寺は、お里・沢市の『壺坂霊験記』で有名となった寺である。由緒ある古刹で、国重文の三重塔にピントを合わせて撮影した。

32► 久米寺《くめでら》　橿原市久米町

久米寺は、久米仙人の伝説で広く知られているが、聖徳太子の弟、来目《くめ》皇子の創建と伝えられる。アジサイから多宝塔までピントがくるよう絞り込むとよい。

33► 竹田の里

うち渡す　竹田の原に　鳴く鶴の
間無く時無し　わが恋ふらくは（『万葉集』巻4－760）

と詠まれながら、あまり訪れる人とてない竹田の里（橿原市）は、葛城連山を遠景として耳成山に近い。左に小さく見えるのは畝傍山で、振り返って東を見れば三輪山が美しい姿を見せている。寺川のほとりに秋の夕映えを待ってたたずむ時、古代に思いを馳せることができる。

34　長岳寺の紅葉

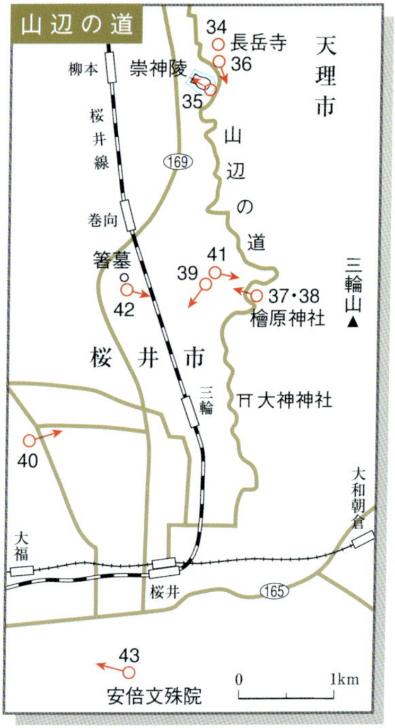

34► 長岳寺《ちょうがくじ》　天理市柳本町

長岳寺は竜王山の麓にあり、俗に釜口《かまのくち》大師ともいい、山辺《やまのべ》の道筋にある。秋の紅葉もよいが、カキツバタの頃もよい。この寺には有名な地獄絵があって、毎年秋に展覧されている。

35・36► 崇神陵《すじんりょう》

天理市柳本町の崇神陵あたりには前期古墳が多くあり、柳本古墳群といわれ、33面の三角縁神獣鏡が出土した黒塚古墳も近い。御陵の濠を通して見る夕照は素晴らしく、10月20日頃に陽が沈むのを待つカメラマンであふれる。

長岳寺のほうから崇神陵へ山辺の道を南に歩を進めれば、晩夏から初秋にかけて美しいムクゲの花に出逢うことができる。向こうに美しい神山の三輪山も見えてくる。

35　崇神陵より二上山落日

36　山辺の道（崇神陵付近）

37　檜原神社からの二上山落日

37・38► 檜原《ひばら》神社　桜井市三輪

山辺の道を南へ進むと、三輪《みわ》山の麓に檜原神社がある。大神《おおみわ》神社とともに神殿をもたず、御神体は山である。倭《やまと》の「笠縫《かさぬい》の邑《むら》」伝承地で元伊勢といわれる。鳥居の注連縄の向こう、二上山に入る夕陽は、神々しい中に何かもの悲しい。二上山に葬られた大津皇子の運命が思い出されるからだろうか。3月中旬、10月初旬の頃にこの落日が見られる。

39► 大和三山

香具《かぐ》山・畝傍《うねび》山・耳成《みみなし》山の大和三山の妻争い伝説によせた天智《てんち》天皇の歌を思いつつ、檜原神社から桃の花下照る道を箸墓《はしはか》のほうへ下る。左に小さく大神神社の大鳥居が見え、その後方に香具山があり、畝傍、耳成に包まれて飛鳥古京の跡が眺望できる。

38　雪の檜原神社

39　桃畑から見た大和三山

40　三輪山の朝

41　三輪山とスモモの花

42　織田池の桜と三輪山

40～42► 三輪山《みわやま》

大和高原の西南端にある三輪山は、国原のどこから見ても美しい神山だ。県道桜井田原本線の大西あたりより眺めた、三輪山に昇る朝日が水田に映る風景は実に清々しい。大神神社の鳥居も見えて、大和の一宮の神山の感一入である。

渋谷《しぶたに》あたりの古墳群にはスモモの花が美しく、それを透かして三輪山を撮った。

また箸墓の南に織田池があるが、その池畔の桜並木の向こうに三輪山が見える新しいアングルを最近発見できたのは喜びだった。

43　安倍文殊院の相輪と二上山

44　桜井市笠のソバ畑

45　滝蔵神社の枝垂れ桜

43► 安《あ》倍《べ》文殊院《もんじゅいん》　桜井市阿部

安倍文殊院は天ノ橋立の切戸《きれど》の文殊、山形亀岡の文殊とともに日本の三文殊といわれる。本尊の木造騎獅文殊菩薩像（国重文）が美しい。文殊池の東の丘より浮見堂の相輪《そうりん》を手前に、二上《にじょう》山の夕焼けを撮影した。4月8日頃と9月4日前後に二上山に夕日が落ちる。撮影には超望遠レンズが必要となる。

44► 笠のソバ畑

初瀬《はせ》山の北に「笠の荒神《こうじん》」と親しまれている笠山坐《かさやまにいます》神社がある。国道169号の巻野内より小夫《おうぶ》方面へ東進すればよい。ここ10年ほどの間に広大なソバ畑が出現し、9月には白い花を一面に咲かせて大和の新しい風景となった。広角レンズで絞り込み、パンフォーカスで撮影するのがよい。

45► 滝蔵《たきのくら》神社　桜井市滝倉

国道165号の初瀬から桜井都祁《つげ》線（38号線）を北上し、滝蔵で右折して坂を登りつめるとよい。笠の東方にあたり、県天然記念物の枝垂れ桜は見事で、根上りの幹は太く、洞が見えるのでそれを強調した。

46　長谷寺の牡丹

46〜48►長谷寺《はせでら》　桜井市初瀬

貴族の観音信仰と長谷詣《もうで》から、やがて庶民のお伊勢参りの道筋となり、参詣する人で賑わうようになった古刹長谷寺は、今も人の絶えることがない花の寺でもある。桜・牡丹・紅葉などいつ訪れてもよい。牡丹の時期は5月初旬で、撮影は早朝か雨後がよいが、この季節にはことに人であふれ、ここから人の波は室生寺のシャクナゲへと向かう。

初瀬《はせ》は「隠口《こもりく》の泊瀬《はつせ》」といわれ、『万葉集』にも詠まれているが、大和高原・伊賀・宇陀など山隠る入口と思えて暗さを感じさせない。

47　長谷寺の新緑

48　長谷寺の紅葉

3 宇陀・吉野山中へ

宇陀・吉野地方は、東は台高《だいこう》山脈を境に三重県と、南は果無《はてなし》山脈を境に和歌山県と接する。西も高野竜神国定公園を境に和歌山県と接し、奈良全県の３分の２に近い広さを有するだろうか。台高山脈の大台ヶ原は近畿の屋根と呼ばれ、沖縄に台風が近づけばもう雨が降っているという我が国で最も雨量の多い所である。ここを源とする吉野川流域には先史遺跡も多く、また古代から歴史の舞台に登場してきた。大峰山は、役行者《えんのぎょうじゃ》の開山以来信仰の衰えることなく修験者が続き、今なお女人禁制の霊峰である。

宇陀・吉野は、古くは「記紀」に多くの地名を登場せしめ、また『万葉集』には柿本人麻呂の「かぎろひ」の歌をはじめ、吉隠《よなばり》の猪養《いかい》の岡を歌った穂積《ほづみ》皇子と哀切胸をうつ但馬《たじま》皇女の歌などがみられる。現代を代表する歌人前登志夫氏は、

　朴の花　高だかと咲く　まひるまを
　みな上にさびし　高見の山は

と歌う。大宇陀からこの山は優しく見え、峻麗孤高の山容を望みたければ東吉野の高見川沿い、伊豆尾のあたりがよい。『万葉集』における吉野の歌は、宮滝をはじめ川に沿った歌が多いようだ。宮滝から国道169号を南下すると、上北山村・下北山村などには面白い風景や歴史的風土があり、行者還《ぎょうじゃがえり》トンネルを通れば天川村へ抜けることができる。みたらい渓谷はもうそこに見える。ここから北上すれば赤岩のある黒滝村に至る。黒滝村から北に向かい吉野山へ進むもよし、広橋の梅林を訪ねるのもよい。秋なら西に車を進めると、西吉野の柿畑も素晴らしい眺望だ。国道168号を隔てて西方に賀名生《あのう》の梅林がある。転じて国道166号を、高見山を仰ぎつつ木津《こつ》から吉野室生《むろう》寺針線を北上しよう。滝野の投石《なげいし》の滝、竜穴《りゅうけつ》神社を経て女人高野室生寺へ至る。来た道を辰男橋まで戻り、国道369号を掛《かけ》で左へ折れると曽爾《そに》村へ入る。屏風岩《びょうぶいわ》へ左折して登るのもよいが、大和路の風景としては異質な曽爾高原は緑一色の季節も、また芒穂の波打つ頃も素晴らしい。

1　鳥見山山腹より見た棚田

1► 鳥見山《とみやま》

鳥見山は桜井市と榛原《はいばら》町との境界にあり、鳥見霊畤《まつりのにわ》と伝えられるが、この山の東南高見山に対峙する萩原の台地にも伝承地がある。一般に知られた登山口ではなく、小鹿野《おがの》の集落を過ぎて裏から登る道のあたりから振り返ると、棚田が美しかった。

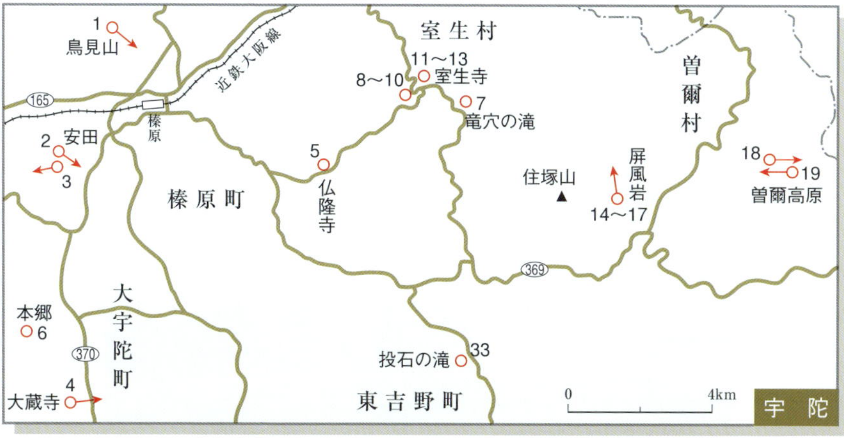

2　安田の朝（榛原町）

3　安田の夕

4　宇陀山中の光芒

2·3► 安田の朝と夕

　桜井から国道166号を東に進み、女寄《めより》峠の手前を粟原《おうはら》榛原線に入ると安田の里がある。大王小学校を過ぎ左へ登って行くと、小高く見晴らしのよい所に出る。朝靄の中に神武東征神話に登場する伊那佐《いなさ》山が浮かび、遠景に曽爾《そに》の山々が見える。

　この地の大王小学校という名と、小杜の中に鎮まる談山神社に心ひかれて、再び里を訪れた帰り途、夕焼けの雲が面白かったので撮影した。

4► 宇陀山中

　私の感覚としては、音羽山から経ヶ塚山・熊ヶ岳などの山なみを背景に、陽炎《かぎろい》を狙ってもいいし、朝靄の中に重畳と山々が浮かぶのも見事であるが、時として神々しいばかりの光芒が見られる。そこに焦点を合わせフレーミングを決めること。よく大蔵寺《おおくらでら》から東方を見て阿騎野《あきの》の夜明けとして撮影しているが、一寸ずれているのではなかろうか。

5　仏隆寺の桜（榛原町）

5► 仏隆寺《ぶつりゅうじ》の桜　榛原町赤埴《あかばね》

国道165号から榛原町萩原で369号に入り、高井で左折して登りの道をとれば、やがて仏隆寺につく。登り来れば、どこからでも眼に入る桜の大木で、ヤマザクラとエドヒガンの雑種（県天然記念物）である。幹回りは7.7mで、県下最大・最古の感じを出すため幹を入れた。

6► 本郷の又兵衛桜

当初、私が撮影した頃は本郷の桜と呼ばれ、訪れる人もなかった。それがここ10年ほどの間に、町興しのためか「又兵衛桜」となって、花の頃はやたらと騒々しくなり困ったものだ。静かに花を愛でることができないものだろうか。

7► 竜穴《りゅうけつ》の滝　室生村室生

室生寺から室生川に沿って曽爾《そに》への道をとると竜穴神社があり、さらに進むと「竜穴」と書かれた標識が眼に入る。そこを左に折れて山道を登ると小さな鳥居があり、下って行くと、いかにも竜がのぞきそうな竜穴の大きな岩がある。雨が降ると竜穴の前の渓流は滝となり、危険なので撮影に注意せねばならない。

6　**本郷の又兵衛桜**（大宇陀町）

7　**竜穴の滝**

8　室生村の枝垂れ桜（西光寺）

9　花の室生村

10　雪の室生村

8～10►室生《むろう》村の花と雪

仏隆寺から室生村へ通じる山間の道がある。パッと室生の里が現われたと思ったら、春の花が競うように松平家の前に咲いていた。そこから迂回して室生寺へ下る途中に、西光寺という無住寺があり、枝垂れ桜を透かして集落が見える、長閑な山里の風景だ。雪の室生路もまた殊のほか美しい。

11　シャクナゲと室生寺五重塔

12　紅葉の室生寺

13　雪の室生寺無明橋

11〜13► 室生寺　室生村室生

女人高野にふさわしい日本で一番小さく美しかった五重塔の一部が台風で壊れたものの、今はすっかり復旧して、優しい姿を取り戻した。5月初頭からシャクナゲの頃は、早朝からカメラマンであふれる。11月下旬の紅葉も鎧《よろい》坂から金堂を仰ぎつつ、その見事さに人々は感嘆の声をあげる。そして本堂から五重塔へゆっくり鑑賞しながら登ればよい。五重塔から奥の院へ通じる道に丹塗りの無明橋があり、このあたりは国天然記念物のシダの群落を見ることができる。橋を渡り、喘ぎつつ登りつめれば奥の院だ。雨後のこのあたりからの風景は、まるで墨絵のように美しい。

撮影のポイントは、あくまでシャクナゲ、紅葉などにピントを合わせて、塔や金堂を入れるよう心がけることだ。

14　曽爾の屏風岩の春

15　曽爾の屏風岩の夏

14〜17►曽《そ》爾《に》の屏《びょう》風《ぶ》岩《いわ》　曽爾村長野

鎧岳・兜岳とともに国天然記念物で、室生火山群の一部をなしている。かつての火山活動による柱状節理の岩壁が背景に聳えている。桜の開花期は遅く4月下旬頃で、土地の人々の花見の宴で賑わう。濃淡の緑を演出す

16　曽爾の屛風岩の秋

17　曽爾の屛風岩の冬

る季節、また紅葉照り映える時期も見事だ。登るのに難渋するが、人のいない雪の日もよい。なお花を配することはできないが、青蓮寺《しょうれんじ》川沿いに名張《なばり》へ向かう途中でも柱状節理の岩々を見ることができる。

18　杉林の光芒（曽爾村）

19　曽爾高原のススキ

20　吉野川の釣り人（吉野町六田付近）

18・19►杉の光芒と曽爾高原のススキ

曽爾は、吉野につぐ県内屈指の林業の盛んな所で、曽爾高原へ行く途中で杉の木の間から神々しいばかりにさす光芒に出会った。高原の金波・銀波の広大なススキの風景を見て昼を楽しみ、夕照まで待てばよい。9月中頃から11月にかけて、住塚山・国見山・屏風岩の方向に真っ赤に空を焼きながら夕陽が沈むのを見ることができる。万葉に詠まれた「わすれ草」ナンバンギセルを、晩夏の頃ススキの根方に見つけてから30年近くたった。

20►吉野川の釣り人

万葉に詠まれた「六田《むつた》」のあたり、今は近鉄吉野線六田《むだ》駅の南を流れる吉野川は、鮎が解禁になれば釣人の姿が其処、此処に見られる。逆光、半逆光での撮影が綺麗だ。振り返れば高見の山が彼方に小さく見える。

21　吉野山の桜

22　花の吉野山

23　雪の吉野山

21・22► 吉野山の桜

吉野山は、大峰山脈の最北端青根ヶ峰からロープウェーのあたりまでを指すのだろうか。下の千本、中の千本、上の千本、奥の千本へと、桜の花は徐々に咲き登る。

よしの山　霞の奥は　知らねども
見ゆるかぎりは　桜なりけり（八田知紀）

の昔の歌そのものの景観だ。上の千本からの俯瞰撮影が一般的だが、遠景に朝靄が入れば尚更によい。また点在する杉を配しても面白い。

23► 雪の吉野山

「歌書よりも　軍書に悲し　吉野山」の句に、散る花を見つつ思い、雪の吉野山を登り来れば、過ぎし世の悲運の人々の怨念も、その煌きの中に昇華されるように思う。

24　金峰山寺遠望の四季・春

25　金峰山寺遠望の四季・夏

24～27►金峰山寺《きんぶせんじ》遠望の四季

勝手神社の横を才谷吉野山線の道へ曲がると広場があり、そこから金峰山寺のほうを見ると、南朝皇居跡にある妙法殿と仏舎利殿が双塔のように遠望できる。桜の季節、夏の雨後、秋、そして冬とそれぞれの風情がある。

26　金峰山寺遠望の四季・秋

27　金峰山寺遠望の四季・冬

28　国栖の里（吉野町）

29　宮滝（吉野町）

30　丹生川の白木蓮（西吉野町）

28►国栖《くず》の里

吉野川と高見川が合流するあたりで、国栖から窪垣内《くぼがいと》にかけて川が湾曲していて面白い。窪垣内から国道370号に上れば、眼下にこの景色が見られる。「国栖紙」の産地であり、谷崎潤一郎の名作『吉野葛』の舞台となった。南国栖の浄見原《きよみがはら》神社では、今も旧正月14日に国栖奏《くずのそう》が奉納される。

29►宮　滝

国道169号の宮滝、柴橋の上から撮影した。このあたりは宮滝遺跡として知られ、巨岩が吉野川にせり出して狭まり、蒼深き淵を見せたり奔流となったりしている。中荘小学校の横手から岩に降りれば「たぎつ河内」であり、鮎が跳ねたりするので、それを撮るのも面白い。

30►丹生《にう》川

大峰山脈北部の谷川を集めて、黒滝あたりから丹生川上神社下社の前を流れ、さらに西へ蛇行し五條で吉野川に注ぐ。川沿いには懐かしい里山風景がみられ、十日市あたりで白木蓮が川面に影を映していた。

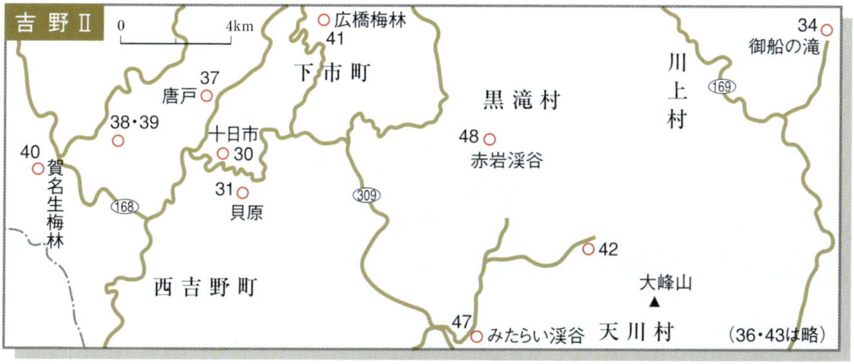

31　下市町貝原の枝垂れ桜

32　宝蔵寺の枝垂れ桜

31►貝原の枝垂れ桜

白木蓮の十日市あたりから丹生川上神社下社のほうへ東進すると、貝原の集落が見える。山の手に旧家があり、門構えのように大きな枝垂れ桜が咲いていた。

32►宝蔵寺の桜　東吉野村木津

国道166号を高見のほうへ走ると木《こ》津《つ》の集落がある。台風で梢が折れたものの、それは見事な宝蔵寺の枝垂れ桜がある。

33　凍る投石の滝（東吉野村）

34　凍る御船の滝（川上村）

33► 投石《なげいし》の滝

前述の木津から平野川に沿って室生へ北上すると、滝野の集落がある。白馬寺の境内にある「投石の滝」は、凍れば面白い造形となる。

34► 御船《みふね》の滝

国道169号を川上村へ、道の駅杉の湯川上で休憩し、南下して武光橋を渡り井光《いかり》川に沿って登れば、これはと驚く氷の岩壁を思わせる滝だ。光の角度によって氷が、仏の姿となって並ぶかのように見えたりする。雪の道は危険なためアイゼンは絶対必要であり、足下に充分注意すること。

35　宇陀の山々

35► 宇陀の山々

東吉野村伊《い》豆《ず》尾《お》の山中から朝靄に浮かぶ宇陀の山並みを撮った。背後には神《じん》武《む》天皇が皇祖神を祀った「霊時《まつりのにわ》」があり、遠方に横たわるのは伊《い》那《な》佐《さ》山。北方彼方の左に「鳥《と》見《み》霊時」のある鳥見山が見え、右には大和富士と呼ばれる額《ぬか》井《い》岳も見える。さながら神武東征の神話の世界を彷彿とさせる。

36　尾根の紅葉

36► 尾根の紅葉

国道169号の上北山村天ヶ瀬《あまがせ》から行者還《ぎょうじゃがえり》林道に折れて進むと、行者還トンネルに至る。その手前あたりより俯瞰すると吉野杉の中に、防風林として残された尾根筋の雑木の紅葉が、図案化された如く面白い。撮影には尾根筋の模様をどのように切り取るかによって、レンズの長さを決めればよい。

37　花の山里（西吉野村唐戸）

37►花の山里

記憶に残っていた風景を求めて走るうちに、道をどう間違えたのか下市宗《むね》檜《ひ》線に入っていた。怪我の功名にも似て、見つけたのは花いっぱいの長閑な唐《から》戸《と》の山里だった。サンシュユ、モクレン、ハナモモなど、また来る春も訪ねたいと思う。

38・39►柿の村

西吉野の柿は甘くて美味で喜ばれる。五條市に近い湯《ゆ》塩《しお》に県の果樹振興センターがあり、柿博物館もある。あたりは見渡すかぎりの柿園で、新緑の頃はこの身にも生気が蘇りそうだ。また富有柿の収穫を終えた農家の周辺に、鈴なりの渋柿が秋陽に照る晩秋もよい。

38　新緑の柿の村（西吉野村）

39　柿の村（西吉野村平沼田）

40　賀名生の梅林

41　広橋の梅林

42　吉野杉

40►賀名生《あのう》の梅林　西吉野村賀名生

賀名生は近畿でも屈指の名所で、西の千本、奥の千本などとあって、個々の場所から葛城山系、山巓《さんてん》に雪残る大峰山系などを見はるかすことができる。山をくだれば国道168号の向かい側に、南朝の賀名生皇居跡があり、堀家の門には天誅組《てんちゅうぐみ》吉村寅太郎筆の「皇居」の額があげられている。

41►広橋の梅林　下市町広橋

国道309号の広橋峠からの梅林の眺めは素晴らしい。あまり観光化されていないので、静かに散策できるのがよい。村の人がとれたての畠の作物を見せて「いらんかね」と声をかけてくれた。こんな長閑な村を、天誅組が時代の疾風《はやて》となって通り過ぎたとは。

42►吉野杉

吉野地方は山を見れば杉山である。かつては伐り出された丸太は筏にして紀ノ川に流されたが、今はヘリコプターで運ばれる時代となった。真っ直ぐに伸びた吉野杉を、手前から後方までパンフォーカスに描写できるように、最小限に絞りＦ22にするとよい。天川《てんかわ》村洞川《どろがわ》で撮影した。この道は青根ヶ峰に通じ、杉の木の下にシシウドの花が白く咲いていたりする。

43　大台ヶ原の樹海

43►大台ヶ原の樹海

三重との県境をなす台高《だいこう》山脈の主峰で、近畿最多の降雨量は、吉野川・北山川・宮川の水源となっている。山裾は晴れているのに、山上には雨が降っている。雨霧はいつまでも残り、原生林と立ち枯れの樹海の奥からカモシカが現われるのではないかと思う。倒木から新しい生命の誕生を見せてくれたりする。それらを主題に撮影すればよいと思う。

44・45►吉野山の高野槇《こうやまき》

如意輪寺《によいりんじ》の横を通る車道ができてから振り向く人もなくなったが、寺から程近い所に高野槇の群落がある。土地の人々がお盆に供えるため切りつづけたので、姿面白き古木の林となり、苔むした樹皮を見せて踊っているようにも見える。奇をてらった夜の撮影の場合、絞りＦ8のバルブ撮影にして、側面より数回前後してストロボをあてればよい。

44　吉野山の高野槇（日中）

45　吉野山の高野槇（夜）

46　麦谷川の新緑

46►麦谷川《むぎたに》

東吉野村の丹生《にう》川上神社中社から四郷《しごう》川に沿って走ると、麦谷口から右へ折れる川が台高山脈薊《あざみ》岳を源流とする麦谷川だ。人の気配もない渓流は澄み、緑は透けて美しい。川の流れの撮影は前述した通り。

47►みたらい渓谷

山上《さんじょう》川が観音峯山を巻いて、白倉谷に落ちるみたらい渓谷には多くの滝があり、新緑の季節も紅葉の季節もよい。雨後のほうが水嵩も増し木の葉も綺麗だ。上流洞川《どろがわ》の五代松《ごよまつ》鐘乳洞の近くに「ごろごろ水」とて澄水が湧き、人々は飲料水にと持ち帰る。私は数年前、みたらい渓谷の上に現われた「逆さ虹」に、えもいわれぬ畏怖を覚えつつシャッターを切ったことがある。

48►赤岩渓谷

大峰山脈の小天井岳、四寸岩山を源として流れる黒滝川は、黒滝村の中心部を横切って流れる。その川沿いに近年憩いの場「きららの森」が誕生し、前の橋から見おろせば赤岩渓谷だ。雨後の水に洗われれば赤岩の感一入である。

47　みたらい渓谷の紅葉

48　赤岩渓谷

4 葛城へ

古代には金剛《こんごう》・葛城《かつらぎ》・二上《にじょう》の葛城連山を総称して葛城と呼び、大和と河内の国境をなしている。大和盆地を挟んで三輪山とともに、神坐す山であり、「記紀」にも登場し、葛城川流域には「葛城王朝説」を裏付けるような掖《わき》上《がみ》池《いけ》心《こころ》宮・秋津嶋宮・大和琴《こと》弾《ひき》原《はら》白《しら》鳥《とり》陵《りょう》などがある。また高田川・佐味田川とともに、大和川に合流するまでの間にも古墳が点在する。

山麓線を行けば、最近できた〈道の駅ふたかみパーク当麻《たいま》二上山ふるさと公園〉がまず眼に入り、そこを過ぎればすぐ寒牡丹の石光寺《せっこうじ》、ほどなく当麻寺。さらに南進して屋敷山公園を経て、右に笛吹の里を見ながら櫛羅《くじら》へ。ここで右折すれば葛城ロープウェイの駅だ。曲がらず進めば九品寺《くほんじ》が見え、森脇で斜め左へ少しそれて右を見れば、地元では「いちごんさん」の愛称をもつ一言主《ひとことぬし》神社がある。吉事《よごと》も凶事《まがごと》も一言で表現する言離《ことさか》の葛城の神よ、今こそ国直しの一言を言い放ってほしいものだ。拝殿の横には能で知られる蜘蛛塚《くもづか》がある。

山麓線に戻って南下すると、金剛山の裾に橋本院や高天彦《たかまひこ》神社があり、このあたりの高台は「高天原伝承地」とされる。雨降りの後などに台地のはなにたたずめば、靄の中から大和三山が巓《いただき》だけを見せてくれたりして心を古代に遊ばせることができる。さらに山麓御所《ごせ》香芝線を南下して西佐味に至ると、これはこれはと驚くばかりの杉の巨木が眼に入る。いわくありげと根方に下りて行くと「天然記念物大川杉」とあった。注連縄《しめなわ》が巻かれて樹齢600年、幹回り６ｍ以上もあるという。この杉は井戸杉と呼ばれ、根元から湧き出る水は、古来飲料水として尊ばれ、田畑をもうるおし、毎年７月30日には注連縄を飾り豊作を祈念するという。ここから山の方へ、伏見峠を越えて金剛山頂へ出られる道もある。この山は役行者《えんのぎょうじゃ》の修行地であった所として、また南北朝時代の楠木氏の史跡も多く、冬期の樹氷も見事という。

1　二上山夕景

1► 二上山《にじょうさん》

現身《うつそみ》の　人にあるわれや　明日よりは
二上山《ふたかみ》を　弟世《いろせ》とわが見む（『万葉集』巻2－165）

大来《おおく》皇女のこの歌が、胸に迫るような夕焼けだった。二上の雄岳には、この悲劇の皇子大津皇子の墓がある。多種の火山岩からなる二上山の夕景は美しく、小焼けは狂おしいほどに赤々となる時がある。

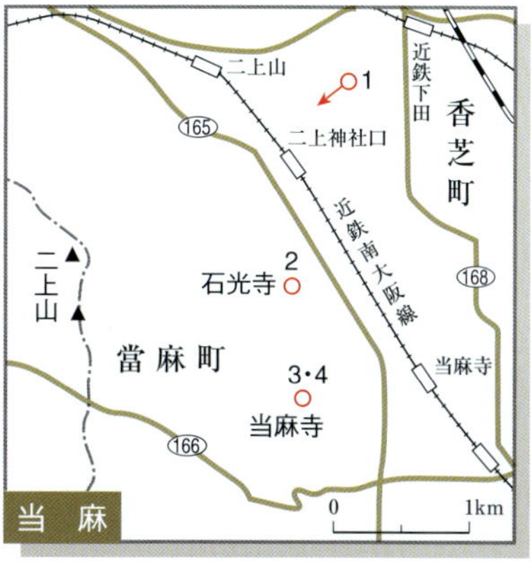

2　石光寺の寒牡丹

2►石光寺《せっこうじ》　當麻町染野

　中将姫が当麻曼荼羅《たいままんだら》を織った時、蓮糸を染めたとされる井戸があり、染寺《そめでら》とも呼ばれる。寒牡丹の寺としても有名だが、開花と降雪はなかなか一致しない。雪だと思っても着いた頃は、はだれ雪だったりもする。

3・4►当麻寺《たいまでら》　當麻町当麻

　牡丹の寺として有名な古刹で、5月14日に行われる「当麻寺のおねり」として親しまれている「聖衆来迎《しょうじゅうらいごう》練《ねり》供養式《くようしき》」は、極楽浄土から二十五菩薩が中将姫を迎えに来るさまを劇的に現わした行事で、牡丹も満開とて人で賑わう。県下唯一の天平時代の双塔が入る奥之院からの撮影がよいだろう。また傘をさした風情ある牡丹もよいものだ。

3　当麻寺遠景

4　当麻寺の牡丹

5　葛城山麓のコスモスと大和三山

6　葛城古道の新緑

7　葛城山頂のツツジ

5►葛城山麓のコスモス

コスモスを見れば美しいと思い、また悲しいとも思う。瑞穂の国の休耕田を考えてしまう。写真は古道の駒形大重《こまがたおおしげ》神社あたりから撮ったもので、かすかに左から耳成《みみなし》山・畝傍《うねび》山・香具《かぐ》山の三山が浮かび、飛鳥古京はその中に抱かれている。

6►葛城古道の新緑

雑木に杉や柿すべてが芽ぶく新緑の頃は、この身も蘇られるのではないかと思うほど快い。山麓線に沿って行けば、そこかしこにこのような風景を見ることができる。

7►葛城山頂のツツジ

大和盆地や葛城古道から仰ぎ見れば青旗の葛城山だが、ツツジの頃山頂に立てば、一山燃ゆるばかりの赤さに眼をみはる。大和でこれほどのツツジの群落は他にはないだろう。山頂からの眺望は雄大で素晴らしい。

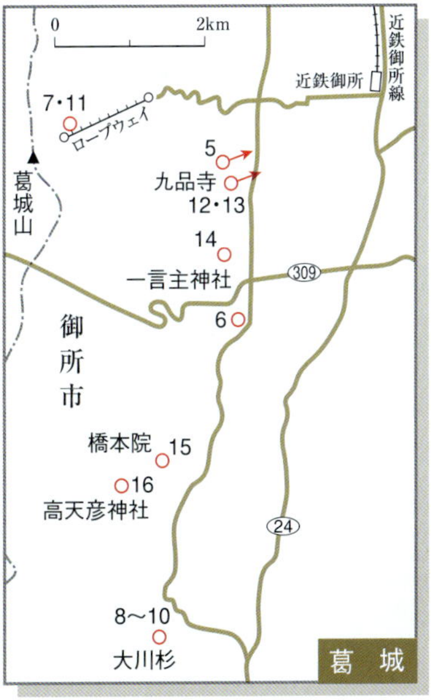

8　葛城古道の大川杉（春）

9　葛城古道の大川杉（冬）

10　大川杉の幹

8〜10►葛城古道の大川杉

山麓線西佐味《にしさび》の田圃を見守るように杉の巨木が立っている（県天然記念物）。70年ほど前の落雷で二股の一方が枯れたが、親木は難をまぬかれたという。根元に祀られている三体地蔵のお蔭といわれ、地元民のこの杉に寄せる思いが伝わってくる。稲穂のたわむ頃もまた美しい。

11►葛城山中のカタクリ

葛城山頂付近の林に自生していたカタクリの花。『万葉集』巻19－4143には「かたかご」として大伴家《おおとものやか》持《もち》が越中で詠んだ歌がある。

　　もののふの　八十少女《やそおとめ》らが
　　汲みまがふ
　　寺井の上の　堅香子《かたかご》の花

11　葛城山中のカタクリ

12　九品寺本堂と大和三山

13　九品寺の石仏と彼岸花

14　一言主神社の大銀杏

12・13►九品寺《くほんじ》　御所市楢原

戒那千坊の一つであったといわれ、国重文の阿弥陀如来坐像を祀る。土地の豪族楢原《ならばら》氏の菩提寺で、裏山にある石仏群は千体石仏と呼ばれ、南北朝時代に楢原氏が北朝方と戦った時、土地の人々が身代わりとして奉納したのだという。裏山からは大和三山が見え、寺の前から駒形大重神社への畦道は彼岸花も綺麗だ。

14►一言主《ひとことぬし》神社　御所市森脇

土地の人に「いちごんさん」と呼ばれ、「記紀」の世界が今に続く。神前にたたずみ、私の一番の願い事は何かと自らに問う。そして素直に健康を願う。拝殿の奥に蜘蛛塚《くもづか》があるが、高天彦《たかまひこ》神社の参道の東方にも蜘蛛窟がある。拝殿前の大銀杏の幹は、まるで乳房の集まりのようで乳銀杏と呼ばれ、土地の人々は乳の出るのを願うという。この撮影にはストロボかレフバンが必要であった。

15　橋本院のシュウメイギク

16　高天彦神社の参道

15►橋本院　御所市高天

橋本院は、かつての高天寺《たかまでら》跡と伝えられ、この辺り一帯の高台は高天原《たかまがはら》伝承地となっている。橋本院の前にはシュウメイギクが咲き乱れ、弘法大師像が高野山の方角を見ていた。

16►高天彦神社《たかまひこじんじゃ》　御所市北窪

前述の大川杉に至るまでに高天彦神社の道標がある。その道を登って行くと、鬱蒼とした杉木立の奥に鳥居が見える。神社の前に金剛山への登山道があるが、その昔、高間山と呼ばれていたこともあるという。

大和路撮影覚書

学生時代の趣味が高じて朝日新聞社に入り、本職のカメラマンとなって半世紀。休日にカメラを担いでは好きな大和路を巡ったが、当時は観光の手引きなどは勿論なく、曽爾《そに》高原などを撮しに行く人もなかった。私が曽爾高原を訪れた時、芒が丈高く密生していたので土地の人が鉄砲を持ち一緒に行ってあげるという。熊や猪が出るからだ。今の私よりは若かったと思われるその方も、最早御存命ではないだろう。今一度生前にお逢いしてお礼を申し上げなかったことが悔やまれる。まだ30年前頃までは亀山から二本ボソ山にかけて、秋には七草が美しく咲き乱れ、薄紫のマツムシ草の群生も美しかった。世の中が豊かになって余暇を「山野草の会」とて登山する人が多くなり、心ない一部の人が根こそぎ採集していく姿をまのあたりにした。思えば、その頃から人の心が貧しくなっていったのかも知れない。もう今は七草を見ることはできない。

また40年ほど前にもなろうか。人々が『万葉集』に関心を持ち始めた頃、『週刊朝日』の見開きグラビア用に撮影しようと、

東の　野に炎の　立つ見えて
かへり見すれば　月傾きぬ（『万葉集』巻1－48）

の景色を求めて大宇陀町の秋山城址へ登ったことがある。この時も路は草茫々のため、写友が大きな鎌を持って露払いをしてくれたが、すでに彼も亡き人となってしまった。当時城址のある頂上からは四方が見渡せたが、今は樹々が茂り一カ所くらいからしか見えない。

近年、大宇陀町では「かぎろいを観る会」を「かぎろいの丘」で催している。

その後もどのあたりから宇陀越えがなされたのかと、あちこち巡っているうちに、国道166号の女寄《めより》峠を越えて麻生田《あそだ》あたりから右に折れ、半坂《はんさか》

から一軒家を通り抜けた峠の常夜燈に、先祖の名前を見つけたこともあった。私の見当では、下ればどうやら粟原《おうはら》のように思えたが、葎《むぐら》生う荒山路でやむをえず引き返した。このあたりから五貫山の頂上にかけて、額井《ぬかい》岳(大和富士)や阿騎野《あきの》を望める場所もいくらかあったが、樹木が大きくなって厳密にいって最早阿騎野を俯瞰することはできない。

またある時、高取城址から山道を下ったことがある。行くほどに細くなるばかりの道に戻るに戻れず、車体をガリガリ擦りながら下りた所に鄙びた寺の山門があり、花の季節ならさぞ見事であろう枝垂れ桜もあった。その道は二度と下れないので、そのあたりであったろうと思われる所を下から登ろうと幾度か探訪を重ねたが、いまだもって探し当てていない。吉野の世尊寺《せそんじ》へ行った時に土地の人に尋ねてみたが、高取城址への道もなく、そのような寺はないという。思うに私の見当違いであり、吉野へ越えていたとばかり思っていたのが、実際には高取町の上子島《かみこしま》あたりであったのかも知れない。来る春までには是非見つけたいと思う寺の桜である。

その後もまた帰途を急いで走っていた時のこと、国道169号沿いだと思うが、川の上に沢山の鯉幟が縦にではなく横に連なって風に泳いでいた。後日撮影しようと思って探してみてもわからない。「杉の湯」のホテルで聞いても、役場の人に尋ねてもわからなかったが、あれは幻だったのだろうか。

もう20年近く前に、野迫川《のせがわ》からの帰りに国道168号に出ようと狭い道を走っていた時のこと、擦れ違いにこちらは気を遣って減速しているのに疾走して行った車があって驚いた。翌朝の新聞で車の転落事故を知り、身の毛がよだったこともあった。それからも車は勿論、人にさえ逢うことのない大きな落石のゴロゴロと続く山道を迷走しつづけている。広く奥深い大和の、ほんの一部しか私は知りえていないのだと、つくづく思う。

大台《おおだい》ヶ《が》原《はら》といえば、大台教会へ泊めていただいたのも今は昔。宿泊者は皆和気藹々と主人の田垣内さんの話に聞き入ったものだ。伯母《おば》ヶ《が》峰《みね》の峠で通行人の生き血を吸う「一本タタラ」の話など、ほの暗い電燈の下で娘さんたちは息を潜めて聞いた。その後も何度かお世話になったが、この教会山の家の主、田垣内さんも亡くなられ、先年登った時に御子息にお逢いしたが、時の流れに山の家も衰退し「最早人をお泊めできない」とのこと。親身の接待をしてくださっただけに惜しまれてならない。

２～３年前シロヤシオの花が美しい季節に大台ヶ原に登った。白く清楚なさまを撮影したが、それはゴヨウツツジの別名であった。皇孫愛子様の御紋となって、より深く印象に残るものとなった。あの時、何故アップで撮っておかなかったかと残念である。

これも随分と前のことだが、吉野の黒滝村からの帰途、何をお尋ねしに入ったのか忘れてしまったが、初対面のその家の奥さんから「ちょうど良いところへ来なはった」とて朴《ほお》の葉《は》ずしを頂戴して帰ったこともあった。一度お訪ねしたいと思うが、どの家だったのか思い出せないでいる。もうあの頃のような、ほのぼのとした人情に接することも少なくなった。

以前に何冊かの写真集で紹介した高見山の麗姿も、最早よい条件で撮影することはむずかしくなったので探しあぐねていたところ、土地の方が親切に軽トラックで案内して下さった。なるほど、その小高い丘から望める山容は峻麗そのもので、早朝靄の中に屹立するさまを想いつつ、またの日を約束して下山した。大きな車では登れないので下の家に駐車をお願いしなければならず、いまだ行きそびれている。今年こそは是非行きたいと思っているが、撮影はあくまで天候との勝負なので厳しい。

その後、高見山と対峙する「鳥《と》見《み》霊畤《まつりのにわ》」の山に久しぶりに登ってみると、立派な展望台ができていた。確かに高見山を見ることは可能であったが、前の樹木が繁りすぎて麗峰を表現するには乏しい条件であった。ただし、この山を周遊すれば、まだまだ高見山を望める場所もあるし、眼を転ずれば四方の山並みを写すこともできる。

撮影の想い出話ばかり書いていたのでは、如何にも老境に入ったかと思われかねないので、最近のことも添えておこう。

明日香の風景の新しいアングルを求めて人家のない径を登って行った。暫くして家らしきものが見えたと思った瞬間、7～8匹の犬が私めがけて吠えながら駆けてくるではないか。犬好きの私も思わず崖っ縁に登ったが、なおも私を見上げて吠えつづけ、駆け登らんばかりの気配である。ここで弱味を見せては、それこそ負け犬かと平然とヨシヨシなどいいながら降りる決心をした。そこへ家人が戻って来て、犬は一斉に引き上げて一件落着。まこと忠犬であった。

犬といえば、春日野・飛《とび》火《ひ》野《の》などで鹿の群が日蔭などで休息しているなと思っていると、突然一頭が何に怯えたのか走り出す。あっと思う間に鹿は姿を消す。暫くして小さな犬の姿が私の眼に入ってきた。「犬猿の間柄」ならぬ「犬鹿の間柄」を知った。

神鹿として大切にされている鹿も、冬場は草の芽など食料に乏しく、お正月など車の注連《しめ》飾りの橙などを食べに寄って来るので、跳ねないよう徐行してやらねばならない。

まだまだ気持ちは若いので撮影を続けていきたいと思っている。美的感動を失わぬ限りは……。

撮影後記

大和には、まだこんなにも美しい風物が残されていることにまず感謝したい。

学生時代に大和路を撮りはじめてから50年を過ぎ、よくも飽きないものと我れながら驚く。私は絶えず新しい発見を求め、山川の奥へ入って行くが、そこには隠れた歴史や伝説があったり、それすらも赦さない畏怖の世界があるのを感じる。また対照的にパッと花咲く山里に出逢えて安らぐこともあり、そんな時は大抵道に迷った時だ。近年、カメラに趣味をよせる人が多くなったのは有難いことだが、宇陀・吉野の山中など積雪と崖崩れに充分注意されるように。なお心無いカメラマンが、フィルムの空箱や飲み物の缶などを捨て置くのを見かけるのは残念だ。どうぞ美しい山野を守ってほしいものと思う。

悪い面ばかりでもないだろうが、近年、村興しや町興しの風潮に乗り保存・管理のため綺麗になり過ぎるかと思えば、『万葉集』の象徴的風景だった所に新しい建物が建設されたために、今後永遠に撮影できなくなった場所もあるのは嘆かわしいことと思う。すべてとはいわないが、亡びゆく大和を次代の人々に渡さぬよう努めてほしいと思う。

田中 眞知郎（たなか まちお）
1926年、大阪市に生まれる。
朝日新聞出版局写真部（1952～83年）を経て、
1984年からフリーの写真家として大和路を中心
に撮影を続ける。

現住所　奈良市学園町１－11－９

主要著書　『阿波の木偶』（ギャラリー吾八）
『花の大和路』（朝日新聞社）
『かんのんみち』（朝日新聞社）
『大和路かくれ寺かくれ仏』（講談社）
『万葉の大和路』（講談社）
『大和の古道』（講談社）
『大和路』（朝日ソノラマ）
『春日大社』（大阪書籍）その他

大和百景―奈良大和路を撮る

2002年7月18日　1版1刷印刷©
2002年7月30日　1版1刷発行

編　者　田中 眞知郎
発行者　野澤伸平
発行社　株式会社 山川出版社
〒101-0047 東京都千代田区内神田1-13-13
電話03(3293)8131(営業)
http://www.yamakawa.co.jp/
振替00120-9-43993
制　作　山川図書出版株式会社
電話03(3292)6463
印　刷　岡村印刷工業株式会社
製　本　株式会社 手塚製本所
装　幀　菊地信義
製　図　曽根田栄夫
レイアウト　岩崎美紀

2002 Printed in Japan ISBN4-634-60560-0